LA CHARTE

EXTRAITE DE L'ÉVANGILE.

IMPRIMERIE DE SÉTIER.

LA CHARTE

EXTRAITE DE L'ÉVANGILE;

PAR UN AVOCAT.

> Populus qui sedebat in tenebris, vidit lucem magnam.
>
> *S. Matthieu, ch.* 4, *v.* 16.

A PARIS,

CHEZ PONTHIEU, Libraire, Palais-Royal, galerie de Bois, n.° 252;
ET chez les Libraires du Palais-Royal.
A Grenoble, chez ROYER-DUPRÉ, Libraire.

1821.

LA CHARTE

EXTRAITE DE L'ÉVANGILE.

Un sage Persan a dit :

« J'ai vu toutes les sectes s'accuser réciproquement d'imposture ; j'ai vu tous les Mages disputer avec fureur du premier principe et de la dernière fin. Je les ai tous interrogés, et je n'ai vu, dans tous ces chefs de faction, qu'une opiniâtreté inflexible, un mépris superbe pour les autres, une haîne implacable. J'ai donc résolu de n'en croire aucun. Ces docteurs, en cherchant la vérité, sont comme une femme qui veut faire entrer son amant par une porte dérobée, et qui ne peut trouver la clef de la porte. Les hommes, dans leurs vaines recherches, ressemblent à celui qui monte sur un arbre où il y a un peu de miel ; et à peine en a-t-il mangé, que les dragons qui sont autour de l'arbre le dévorent. »

Un monument magnifique avait été élevé au

profit de la génération présente. L'expérience, tenant dans ses mains une balance et un sablier, était assise sur le faîte : de là, elle dominait à la fois et les regrets du passé et les espérances de l'avenir : elle consolait les uns et tempérait l'effervescence des autres. Tout à coup une multitude innombrable d'hommes de toute espèce se précipite sur le monument : les passions affamées y cherchent avidement une pâture qu'elles n'y trouvent pas. Dans cette confusion, on se heurte, on se renverse, on se bat, on se déchire : le sang coule jusqu'aux pieds du sanctuaire, où est assis le Grand-Prêtre, qui s'efforce vainement de repousser les flots de cette multitude effrénée : ce peuple immense à la fin s'écoule : mais, comme les harpies de la fable, il laisse plein de souillure le banquet devant lequel il s'est un moment arrêté.

Ce monument, c'est la Charte, offert à la vénération des peuples; il est devenu pour les passions un objet de conquête, parce que la base de l'arche sainte reposait sur la terre; on a cru pouvoir nier que son point d'appui fût dans le ciel, et on a oublié que des mains souillées, en maniant les hochets de l'orgueil, ou les chaînes de l'esclavage, ne devaient point y toucher.

Il devient donc urgent de reculer dans son

sanctuaire ce pacte immortel entre les générations passées et les générations futures, et de le mettre à l'abri du souffle empoisonné de l'erreur et de l'attaque des passions humaines.

La Charte, émanation de l'Évangile, a de grands traits de similitude avec son modèle; comme lui elle est venue, non pour effacer la loi naturelle, mais pour l'accomplir : *non veni tollere legem, sed adimplere.* De même que l'Évangile devait couronner l'œuvre de la religion, de même la Charte a paru pour achever le grand édifice de la civilisation.

Lorsque l'Évangile brilla sur le monde, il eut d'abord pour ennemis toutes les passions : il en triompha sans effort, parce qu'il est donné à la morale de tout courber devant elle dans sa marche majestueuse à travers les siècles. De même la Charte, tombée du haut dans la mêlée des intérêts du siècle, qui se combattent et s'entre-choquent, est destinée à faire rentrer dans la poussière toutes les passions qui osent se présenter devant ses pages immortelles.

L'Évangile avait à lutter, lors de son apparition sur la terre, contre toutes les divinités du paganisme et toutes les folies des sectes nouvelles : la Charte avait aussi à combattre deux monstres ennemis entre eux, l'hydre de la féodalité, et l'hydre de la révolution.

La Charte est fille de l'Évangile. Quoique l'un soit le flambeau céleste destiné à guider les peuples dans les routes de l'éternité, et que l'autre s'applique à les rendre sages selon le monde, ce n'est point une raison pour assigner à chacun d'eux une différente origine.

La morale pure a ce caractère particulier, qu'elle régularise tout ce qui est soumis à son influence; qu'elle rectifie en même temps le présent et l'avenir; et que, semblable à un phare placé sur les frontières des deux mondes, elle projette à la fois sa lumière et sur la carrière brillante de l'immortalité, et sur la voie douloureuse de la vie présente.

Si le flambeau constitutionnel qui nous éclaire n'avait été allumé aux rayons de ce soleil de gloire, jamais sa lumière n'aurait pu triompher de la nuit ténébreuse dont elle était entourée. Elle avait à lutter contre ces intérêts consacrés en quelque sorte par le temps, et qui avaient pris racine dans la profondeur des siècles ébranlés par la révolution. Ils s'étaient vivifiés dans le sang de leurs martyrs; ils avaient survécu aux troubles civils : champions débiles de la légitimité, ils étaient venus s'asseoir sur les rampes du trône de l'usurpation : et, tout couverts encore de la poussière impériale, dans laquelle ils s'étaient traînés, ils venaient demander au Roi légitime le salaire de la légitimité.

D'autre part; une souveraineté populaire qui avait rempli de larmes et de sang son empire d'un jour, puisait encore dans l'aveu même de son crime une force nouvelle. Une feinte douceur et une philantropie ambitieuse ramenaient dans ses bras ses propres victimes. Tout l'orgueil de la multitude se réfugiait sous les faisceaux plébéïens : on avait jeté sur les haches de licteurs le manteau de la gloire. Le monstre de l'anarchie, assoupi, mais non terrassé, dormait presque inaperçu derrière tout cet appareil de magnificence et d'orgueil.

Voilà les deux ennemis que la Charte est venue combattre.

Il fallait peut-être, ou les vaincre, ou les fléchir. Ce n'est pas ce qu'a fait la Charte; elle a mis les deux monstres aux prises. Presque immortels par la haîne et la vengeance, ils se déchirent, ils se terrassent tour à tour, ils ensanglantent l'arêne, et font jaillir jusque sur la foule qui les environne le sang de leurs blessures.

Le jour où, vaincus l'un par l'autre, ils expireront à la fois de rage et d'impuissance, sera pour la France un jour de triomphe et de gloire. *Populus qui sedebat in tenebris vidit lucem magnam : et sedentibus in regione umbræ mortis, lux orta est eis.* Matth., cap. 4, v. 16.

L'esprit de parti est une plaie immense qui envahit toutes les intelligences, semblable à cette maladie cruelle qui étend ses ravages sur toute la surface du corps humain, et trouve une pâture à sa dévorante énergie, partout où elle rencontre la vie animale organisée.

C'est un torrent qui entraîne tout : il roule dans ses flots et la boue immonde et l'or pur : dans ce mêlange confus de tant d'élémens divers, ce qui était mauvais devient pire ; ce qui était bon devient souillé.

Il y a certainement beaucoup d'hommes de vertu et de talens en France. Eh bien! vous pourriez assigner d'une manière exacte la part du tribut que chacun d'eux a offert à l'erreur générale.

Dans la plupart des écrivains, vous rencontrez à la fois deux hommes : l'un est l'homme du génie de la philosophie, de la morale ; l'autre est l'homme de parti. Le premier console les hommes, les porte à la vertu ; le second verse dans les cœurs un poison brûlant qui les irrite, et leur fait enfanter les vengeances et les haines.

La France est aujourd'hui, quant à la politique, à peu près ce qu'était l'Europe il y a quelques siècles pour les opinions religieuses. Il y avait alors beaucoup de fanatisme et peu de religion; comme aujourd'hui les passions politiques sont partout, la religion politique nulle part.

Un homme était resté debout sur les ruines que la révolution française avait entassés. Il avait ceint son épée ; il avait provoqué l'Europe au combat ; il l'avait vaincue. Elle se relève de sa défaite : elle appelle à son aide et l'aquilon et les glaces du pôle. Elle arrête le torrent dévastateur qui envahissait tout : elle le force à remonter son cours : elle presse ses flots irrités qui se trouvaient à l'étroit entre les colonnes d'Hercule et les déserts des Tartares. Voilà que le torrent se déborde de toutes parts : le souffle des vents et les feux du Midi ont desséché ses flots.

Comme aux premiers jours du monde la lumière éclaira l'abîme du cahos, de même la Charte se montra aux yeux des peuples au milieu de cette confusion effroyable, produite par les cris des vainqueurs et des vaincus, par le bruit d'un trône qui s'écroule, et d'un pouvoir immense qui tombe.

Le législateur français parut ; il ressemblait alors à ce laboureur dont parle l'Évangile : *Ecce exiit qui seminat seminare, et dum seminat quædam ceciderunt secus viam, et venerunt volucres cœli, et ceciderunt ea.* (Matth., cap. 13.)

En effet; les paroles constitutionnelles sont tombées, comme une rosée salutaire, sur la multitude : elles ont été versées abondamment et sur les palais et sur les chaumières. Mais, par cela même qu'elles ont été prodiguées, il s'en est répandu sur les chemins, et les harpies politiques sont venues, et ont devoré cette semence féconde.

Alia autem ceciderunt in petrosa, ubi non habebant terram multam : et continuò exorta sunt, quia non habebant altitudinem terræ.

Sole autem orto æstuaverunt : et quia non habebant radicem aruerunt.

Une partie de cette semence est tombée sur des endroits pierreux. Comme il y avait peu de terre, le germe l'a bientôt surmonté ; mais la plante s'est aussitôt desséchée aux premiers rayons du soleil.

La Charte nous a pris au dépourvu : la semence a été jetée sur une terre nullement préparée. Comme un homme robuste qui dépérit avant le temps par l'abus de ses forces, la France avait vieilli en peu d'années, en passant par les excès de la révolution, et par les fers du despotisme. Le bienfait de la Charte fut reçu avec cette indifférence avec laquelle avait été accueillie cette douzaine de constitutions qui l'avaient précédée, et dont la durée fugitive ne sera dans l'histoire que comme la livrée à laquelle on pourra reconnaître le triomphe éphémère des factions.

Cette indifférence est le champ pierreux qui reçoit le bon grain. Sur cette surface aride, il y a un peu de terre, tout juste ce qu'il faut pour couvrir la semence. Des vœux dissimulés, des sermens perfides, une fidélité arrogante et tyrannique se prosternèrent devant la Charte. Bientôt le vent de l'ambition souffle ; la semence est dispersée, et la poussière est emportée dans les airs.

Les ambitieux ont bien vîte déserté le pacte national, qu'ils avaient osé considérer comme un bail à ferme. Il y a beaucoup de gens qui pensent que ce qui appartient à tous n'appartient à personne. Si vous ne leur abandonnez exclusivement la propriété toute entière, ils n'en veulent pas.

Alia autem ceciderunt in spinas : et creverunt spinæ, et suffocaverunt ea.

Une autre partie de la semence constitutionnelle est tombée sur le champ des passions politiques. L'esprit de parti a grandi tout autour. Sa sève impure a fait croître une foule de branches inutiles, dont le feuillage funeste porte la mort dans le sein du voyageur qui s'endort sous leurs ombres.

Alia autem ceciderunt in terram bonam : et dabant fructum.

Une dernière partie de la semence est tombée dans la bonne terre ; et elle a donné son fruit.

Qui pourra dire où se trouve ce petit nombre d'hommes sincères qui ont reçu le bienfait de la Charte avec cet amour, qui en ont médité avec candeur les avantages, et qui ont attendu les résultats avec une vive impatience ?

Ces hommes sont-ils placés à la droite ou à la gauche ; sont-ils assis au centre, ou bien occupent-ils l'espace destiné aux sections intermédiaires ? c'est ce qu'on ne peut affirmer. Par l'indépendance de leurs opinions, ils sont en quelque sorte partout, sans être précisément nulle part. Occupés à sonder tous les points de la surface du domaine politique pour en découvrir la partie saine, ils ne pourraient rester irrévocablement stationnaires que là où l'air pur ne serait point souillé par le souffle des passions. Souvent à peine avait-on dressé la tente du repos sous un abri que décoraient à l'entour la verdure et les fleurs, que tout à coup la vapeur immonde se fait sentir : il faut fuir à la hâte ce séjour infecté.

La France ne peut être heureuse que lorsque ce petit comité, composé de quelques sages, se sera grossi par des adjonctions successives, et sera devenu une assemblée nombreuse capable de former la majorité nationale. Alors, suivant que le pouvoir agira avec franchise ou avec astuce, il attirera dans sa sphère ces vagues caressantes et majestueuses, dont l'énorme poids est capable à la fois d'entraîner tout ce qui est à leur surface, et de résister aux efforts de la tempête.

C'est avec l'esprit philosophique qui dirige ces hommes rares que nous venons de signaler, qu'il faut entrer dans le sanctuaire de la Charte, pour en découvrir toutes les beautés.

Et d'abord il vous apprennent que la disposition indispensable pour aborder une étude si simple, et cependant si difficile, est un amour sincère des sciences qui en est l'objet.

Qui non est mecum contrà me est : et qui non congregat mecum spargit. (Matt., c. 12.)

Celui qui n'est pas avec la Charte est contre la Charte.

Cette sentence repousse tous ceux qui veulent faire prendre pour amour un zèle hypocrite : qui nous fatiguent de leurs protestations et de leurs parjures. Semblables à ces voleurs de nuit qui, sous un faux air d'amitié, entrent dans une maison pour en connaître toutes les issues et tous les détours, afin d'y pénétrer pendant l'heure du sommeil avec la flamme et le fer.

Non omnis qui dicit mihi, Domine, Domine, intrabit in regnum cœlorum : sed qui facit voluntatem patris mei, qui in cœlis est, ipse intrabit in regnum cœlorum. (Matth., cap. 7, v. 21.)

Celui qui va sur les places publiques ou dans les carrefours proférant le cri exclusif de *vive le Roi* ou de *vive la Charte*, et qui dit tout bas dans son cœur, *à bas le Roi, à bas la Charte*, celui-là n'est pas digne d'entrer dans le royaume de la Charte, et d'être compté parmi les citoyens amis de la gloire nationale, de l'ordre et de la paix.

Voyez cet ambitieux que la soif du pouvoir dévore, que tourmente l'aspect de la paix publique ; il se présente devant des groupes de personnes assemblées là sans mauvais dessein ; il leur souffle le feu de la discorde; il les excite, il les entraîne. « Que craignez-vous de crier « *vive la Charte*, leur dit-il, le Roi n'en est-il « pas l'auteur? Ce cri ne renferme-t-il pas celui « de *vive le Roi?* » C'est avec un sophisme semblable qu'on enrégimente les partis, que les troubles de juin sont fomentés, et que la France entière est pressée vers l'écueil des guerres civiles.

« Amis, dit un autre à sa petite troupe, nous « sommes les seuls fidèles. Faisons connaître au « Prince ces fauteurs de révolutions, qui ont

« juré une haine éternelle à tous les rois de la « terre. Ce n'est pas la Charte que nous avons à « sauver, c'est le Roi. » En même temps il profère ce cri sacré, qui a été pour les Français le signal de tant de victoires. Il va insultant tous ceux qui ne profèrent pas ce cri, devenu séditieux en passant par la bouche de ce fanatique. Il soulève des populations entières. Que dis-je? C'est en voulant sauver le Roi, qui n'a que faire de son aide, qu'il met en péril et le trône et le Roi lui-même.

Ces deux insensés ont le même mobile, l'ambition; le même guide, l'orgueil; le même conseiller, un sophisme.

La Charte proscrit donc toutes les ambitions. Elle les signale à la vengeance de l'opinion publique. Elle ne récompense que le dévoûment.

Le génie du mal dit à l'ambitieux, comme Satan dit à Jésus-Christ: *Hæc omnia tibi dabo si cadens adoraveris me.* (Matth., cap. 4.) Si tu brûles l'encens sur mes autels, je te donnerai cet empire, dont la paix et la prospérité m'outragent.

Tunc assumpsit eum diabolus in sanctam civitatem, et statuit eum super pinnaculum templi. Le génie du mal transporta, pour un moment, l'ambitieux sur le pinacle des grandeurs. Là, il lui montra ce trône devenu tour à tour la proie de tant d'usurpations; ces places occupées par tant de sots; ces faveurs accordées à tant de gens inutiles à la société : et il lui dit : « Tout cela est à ta disposition, si tu « m'adores. »

L'ambitieux se prosterne devant sa divinité, et compte sur sa protection. Il va, il s'avance, il se glisse dans les avenues du pouvoir. Il se courbe autant qu'il peut; mais il n'est pas aperçu. Alors, semblable au serpent, qui ronge par la loi de sa nature, mais qui dans sa fureur se redresse quelquefois en poussant d'horribles sifflemens, il devient l'ennemi juré de ce gouvernement qui ne l'a pas couvert d'honneurs et de richesses.

Dans sa vengeance, il cherche à associer les peuples à sa haine. Il appelle l'odieux sur les gouvernans. Une liberté sage et contenue dans les bornes qui la séparent de la licence, est taxée par lui de despotisme. Une nation, dans laquelle il n'occupa pas la première place, ne saurait être libre.

Poussé par le génie fougueux de l'opposition, il combat avec amertume toutes les lois d'ordre et de justice. Il ne veut ni la liberté ni la paix; il veut l'empire. Il *pousse à la roue*, comme on dit, le char du gouvernement vers les écueils. Il tente lui-même le pouvoir, et il a l'air de lui dire : Puisque vous êtes fort, montrez-nous votre force? Puisque vous êtes énergique, pourquoi craignez-vous les séditions? Pourquoi redoutez-vous l'invective intolérante des journaux? Quoi! vous reculez devant le poignard de Louvel! le bruit d'une bombe qui éclate sous les fenêtres du palais de vos Rois vous fait pâlir d'effroi! Ne voyez-vous pas que ce sont là des crimes isolés et solitaires! Vous voulez donc mettre une nation aux fers, et lui ravir la liberté individuelle, pour la punir du crime d'un assassin qu'elle désavoue! N'entendez-vous pas les sanglots et les cris des victimes que vous entassez dans les prisons! Ne voyez-vous pas réduits au silence tous ces écrivains dont la Patrie réclame la voix, et dont vous enchaînez le génie!. . . . .

Arrête, insensé!. . . . . . tu épuises les larmes d'une sensibilité feinte pour pleurer sur des malheurs improbables; et ton œil est resté sec à l'aspect de ce Prince assassiné sur les marches du trône, et dont le sang fume encore! Ton cœur n'a pu trouver un soupir en faveur de cette Princesse infortunée, prête à périr sous la fureur de ces barbares qui voulaient étouffer, jusque dans son sein, le royal enfant qu'elle portait! Le pardon que la bouche d'un Prince mourant réclame pour son assassin, ne t'a paru que le sanglot exclusif échappé au hasard d'un cœur dont la douleur et la mort se disputent le dernier battement!.... Il était Prince, n'était-il pas assez riche pour se faire garder? Voilà ta froide sentence. C'est ainsi que tu tentes ceux qui travaillent pour ton bonheur? Tu leur dis, comme Satan disait au Christ: *Si filius Dei es, mitte te deorsum. Scriptum est enim : quia angelis suis mandavit de te : et in manibus tollent te, ne fortè offendas ad lapidem pedem tuum.* (Matth.)

Eh quoi! nous dira-t-on, vous qui vous flattez de tenir la balance égale entre les partis, vous semblez en ce moment oublier votre impartialité; car, ces paroles que vous venez de proférer à l'instant même, ne seraient point désavouées par l'opinion royaliste extrême?

Nous répondrons à cela, que l'attention la plus scrupuleuse sur la direction de nos pensées et de nos sentimens, ne suffit pas toujours pour nous guider sans aberrations dans ce sentier de lumière et d'équité, bordé de toutes parts d'escarpemens et de précipices. Le juste lui-même y marche avec crainte; et le faible qui essaya, en tremblant, ses premiers pas vers le bien, est sujet à s'égarer souvent.

Nous répondons, en second lieu, qu'il serait injuste de dire que toutes les thèses soutenues par les partis sont habituellement fausses. Il arrive même à une opinion extrême d'avoir, dans telle circonstance, donné évidemment raison contre ses adversaires. Ce serait une question philosophique très-intéressante à examiner, celle qui consisterait à voir si, depuis l'origine des partis en France, chacun d'eux n'aurait pas eu aussi souvent tort ou raison; comme dans une opération de commerce on balance les recettes et les dépenses, il nous semble que le résultat d'un pareil examen serait de faire déclarer les partis en état de faillite ouverte.

Dans cette espèce d'équation, il y aurait nécessairement deux termes; le premier serait la raison morale et philosophique, immuable comme la loi qui régit l'univers, durable comme les siècles; c'est la raison absolue. Le second, serait cette raison relative créée par les partis, qui n'a avec la raison absolue qu'une ressemblance imaginaire, comme serait celle d'un masque avec une figure humaine; qui est un combat et une contradiction, et rarement une vérité; qui veut persuader sans être convaincue; qui trompe, qui fascine, qui entraîne; qui bâtit dans les airs un édifice de vapeurs, et qui croit le voir encore quand le soleil a dissipé les nuages dont il était formé.

Tous les incidens qui traversent les affaires

humaines sont si nombreux, si divers, si multiformes, que la sagacité la plus pénétrante ne peut suffire pour en démêler le véritable but et la vraie cause. Il n'est donc positivement que la foule inattentive au milieu desquels ils passent, qui les voit presque toujours sous un faux aspect, en tire des conséquences ou fausses ou absurdes.

Cependant il est quelques règles générales dont l'application pourrait servir à éclairer les esprits à travers tant d'incertitudes, si les écrivains de notre époque s'efforçaient de les développer, et d'en mettre l'explication à la portée de tous les esprits.

Ainsi, pour donner un exemple de cette nouvelle logique politique, on pourrait regarder comme un principe certain, que lorsque deux opinions extrêmes s'accordent pour approuver une mesure, ou pour introduire une nouvelle loi, cette mesure ou cette loi sont ou mauvaises ou non convenables; car les partis ne peuvent pas vouloir la vérité et la justice. Ils se servent de ces deux choses comme d'un moyen; ce qu'ils veulent, c'est la domination : ils l'aspirent par tous leurs pores, s'en pouvoir s'en saturer.

Si l'un des deux partis seulement réclamait une chose qui serait rejetée par son adversaire, alors il y aurait dissidence; et il faudrait bien que la vérité se trouvât de l'une ou de l'autre part : car il arrive bien rarement que deux contradictoires soient également faux.

Mais lorsque deux opinions dont le but est injuste, dont la tendance est vicieuse, dont la marche est criminelle, applaudissent au même événement, il est presque certain que cet événement est funeste au bonheur des peuples : par la raison que les partis, raisonnant habituellement faux, ce n'est que par contradiction et comme forcément que l'un d'eux peut arriver à une conséquence juste. Or, lorsque cette contradiction n'existe pas, chaque parti s'abandonne sans contrainte au développement de son principe, qui le mène à l'égarement et à l'erreur. Semblables aux associations de malfaiteurs, les partis ne s'unissent que pour le mal.

On a vu, par exemple, naguères les deux partis s'acharner contre le ministère. Les uns prétendaient que celui-ci marchait dans les voies révolutionnaires ; les autres prétendaient, au contraire, que le privilége s'était introduit jusqu'au sein du gouvernement. Il est bien évident que chacune de ces propositions est également fausse ; car, s'il était vrai, comme l'affirmait l'extrême droite, que le ministère marchât avec les prétendus révolutionnaires, ceux-ci n'auraient pas élevé de plaintes contre le gouvernement. Si, au contraire, suivant l'opinion de l'extrême gauche, le ministère était contre-révolutionnaire, la contre-révolution n'aurait pas eu à se plaindre du ministère.

L'influence que l'esprit de parti exerce sur toutes les intelligences est si générale, qu'on ne trouve presque personne assez de sang-froid pour apprécier de semblables contradictions. Cependant la génération présente chemine comme elle peut à travers tant de sophismes, et proclame le siècle des lumières au sein de toutes ces ténèbres.

On pourra nous objecter, sans doute, que nos principes étant destinés à combattre sans cesse les partis extrêmes, ils rentrent ainsi en quelque sorte dans le système du gouvernement, et tendent à favoriser le despotisme ministériel.

A cette objection, il y a plusieurs réponses.

La première, selon nous, est, que ce serait mal comprendre le gouvernement constitutionnel, de prétendre que l'esprit d'opposition y doit être tellement énergique, que jamais il ne recule devant le pouvoir : en sorte qu'aux yeux de l'opposition, le ministère doit toujours avoir tort. Pris dans ce sens, l'esprit d'opposition ne serait plus qu'une guerre à outrance. Or, il n'est personne qui ignore qu'avec de pareilles dispositions, dans une discussion polémique quelconque, on ne doit aboutir qu'à des résultats absurdes, de quelque côté que passe la victoire.

L'opposition doit donc être essentiellement tollérante : elle doit être énergique, mais non hostile.

En second lieu, et sous le rapport des passions, nous répondons, que le système ministériel est, par sa position intermédiaire, bien plus favorablement placé pour atteindre la vérité, que les partis qui le combattent. En effet, l'esprit humain est fait de telle sorte, qu'il ne peut être exclusivement dominé que par une passion unique. Si vous en admettez plusieurs sur ce théâtre, témoin de tant d'orages et de tempêtes, elles s'énervent, elles se détruisent par les coups réciproques qu'elles se portent : et c'est toujours sur leurs ruines que la vérité s'élève triomphante. Ce principe admis, et s'il est vrai que le ministère ait établi sa demeure entre deux écueils opposés, et pour ainsi dire sur le cap des tempêtes, n'est-il pas vrai, qu'obligé par sa position de combattre, l'une par l'autre, deux passions politiques opposées, il doive rester à l'abri de leur influence, tant qu'il ne se laisse pas envahir par l'une d'elles? Menacé à la fois par l'épée de Rome et par celle de Carthage, il ne peut espérer de vaincre par la force, elle ne lui suffirait pas. Il ne peut triompher par le sophisme : deux adversaires sont là pour en démontrer la fausseté. Si l'un d'eux venait à sommeiller, l'autre, comme un lion cherchant sa proie, rôde sans cesse autour du pouvoir.

On dira sans doute, qu'au moins le ministère a la passion de la puissance ; et que cette passion seule suffit pour égarer l'esprit et corrompre l'intelligence. Nous répondons que le ministère peut avoir la passion de conserver le pouvoir, non celle de le conquérir. Or, il y a cette différence entre ces deux passions, que l'une est pacifique et morale, que l'autre est effrénée et criminelle. Le propriétaire ou l'usufruitier qui use des moyens avoués par les lois, pour conserver son trésor, n'est pas mis à l'égal du voleur qui s'introduit pendant la nuit dans son domicile pour le lui ravir.

Notre troisième réponse est, qu'en adoptant tels principes de raisonnement, nous ne prétendons point nous placer exclusivement sur quelqu'un des points de ce cercle immense formé par les opinions, ni en occuper le centre sous l'aile du ministère. Nous avons établi notre place philosophique hors la portée des factions, et au-dessus du pouvoir lui-même ; comme ces amateurs de perspectives, qui construisent un observatoire sur le point le plus élevé de leur maison, d'où ils peuvent contempler à l'aise de vastes espaces.

Il est vrai que dans la situation actuelle des esprits, une semblable impartialité paraît à la plupart une espèce de phénomène, ou plutôt une chimère. Les yeux du vulgaire, en se fixant sur un tableau, n'y aperçoivent souvent que le disparate des jours et des ombres; et les mille nuances, qui font le sujet des observations du peintre, leur échappent.

Cette digression nous a paru indispensable pour faire connaître l'esprit dans lequel ces pages ont été écrites. Nous recherchons de tous nos efforts la modération et la justice, et il nous a paru qu'on ne pouvait rencontrer l'une et l'autre qu'en se tirant à l'écart, et en s'éloignant de cette atmosphère pestilentielle, obscurcie par le souffle impur des passions politiques.

Revenons à notre sujet.

Le principe fondamental, but moral de toutes les sociétés humaines, et que la Charte a voulu consacrer, c'est l'égalité politique. Comme tous les hommes sont égaux devant la nature, quand elle les jette sur le chemin de la vie, ainsi l'égalité passe sur eux son inflexible niveau, quand ils entrent dans la société, régie par des lois constitutionnelles. La Charte est comme un temple dont la porte n'admettrait que des individus d'une même stature; qui s'abaisserait et se rétrécirait pour les grands et les superbes; qui s'élargirait et s'éleverait pour les petits et les humbles : *Nolite vocari Rabbi : unus est enim magister vester, omnes autem vos fratres estis.* (Matth., cap. 23.) Nous n'avons qu'un maître, c'est la loi : nous sommes tous frères devant elle.

Qui major est vestrûm, erit minister vester, v. 11, cap. 23.

Qui autem se exaltaverit, humiliabitur : et qui se humiliaverit, exaltabitur, v. 12, cap. 23.

Les superbes seront abaissés, et les humbles seront élevés.

La Charte proscrit toutes ces supériorités factices, qui sont créées par la force, achetées avec l'or, consacrées comme un droit tantôt par la faveur populaire, tantôt par la faveur aristocratique.

Au sein de cette atmosphère pure dans laquelle la Charte nous a transportés, on n'accueille pas ces talens fous, que l'ambition fait éclore, et que dans d'autres temps la fortune élève jusqu'au faîte de la société. Une force d'attraction irrésistible précipite dans les basses régions toutes ces grandeurs d'un jour, qui ne produisent sur le corps social que de vaines bouffissures, cause long-temps inconnue des maladies, dont il est à la fin la proie.

Le tumulte des factions retarde, il est vrai, le moment où cet empire moral s'exerce dans tout sa plénitude. L'esprit de parti favorise l'essor de ces réputations bruyantes qu'on rencontre au sommet des opinions extrêmes, et qui en descendent souvent avec autant de rapidité qu'elles y étaient montées. Leur chûte produit un bruit aussi vain que celui de leur exaltation.

Mais ces réputations éphémères, qui exercent néanmoins sur les opinions un véritable despotisme, ne trouvent plus à se faire jour, lorsque la première effervescence des passions s'est calmée. Alors s'élèvent majestueusement au-dessus des opinions vulgaires ces hommes graves qui ne cherchent pas la faveur de la multitude, mais que la multitude suit par instinct, comme ces plantes qui ont poussé un feuillage triste au sein des ténèbres, inclinent leurs tiges du côté où leur arrive un rayon de lumière.

Pourquoi faut-il que l'égalité politique, fondement de toute société, se prête si facilement à tous les sophismes? L'égalité entre les citoyens n'est point l'égalité entre les individus. Si vous étendez trop loin le cercle de l'égalité politique, vous vous jetez dans le dogme funeste de la souveraineté du peuple; si, au contraire, vous n'accordez pas assez au principe de l'égalité, vous tombez dans le despotisme monarchique ou aristocratique. La loi considère tous les citoyens comme tous ces points égaux entre eux, séparés par les mêmes intervalles, dont l'ensemble forment la ligne géométrique. Hors de-là, elle abandonne chacun de ces points à son individualité particulière; hors de-là chaque citoyen appartient à l'empire de l'opinion et de la morale, qui le jugent en dernier ressort.

Les principes que se sont faits à cet égard les aggrégations d'opinions politiques les plus marquantes en France, nous paraissent également destructeurs de l'égalité politique. Chaque parti ne trouvant pas en lui la force dont il a besoin, la cherche hors de lui-même, et dans un sophisme. Ainsi, les uns admettent le droit divin, les autres, la souveraineté du peuple. Le premier de ces dogmes détruit l'égalité politique, en ce qu'il suppose des supériorités innées; le second, parce qu'il les fait dériver de la force physique ou de celle du nombre.

Dans le régime constitutionnel tout est égal, parce que tout est soumis à la publicité. Il y a un juge souverain de tout; c'est l'opinion. Devant elle s'abaissent et les faisceaux populaires, et les toges patriciennes. Cette conscience morale luit encore chez les peuples, même au sein de leurs égaremens, de même que les lois du monde physique se laissent encore apercevoir dans les grandes catastrophes de la nature.

La base qui soutient la société politique, c'est l'égalité légale : le sentiment qui la vivifie, c'est l'amour, lien d'union entre tous les membres qui la composent. L'amour, qui féconde toute la nature, qui est un besoin pour l'homme, un instinct pour les animaux, et une loi d'attraction dans les êtres insensibles, devait aussi réchauffer de sa flamme céleste tout le corps social :

Audistis qui dictum est : diliges proximum tuum, et odio habebis inimicum tuum.

Ego autem dico vobis : diligite inimicos vestros, benedicite his qui oderunt vos : et orate pro persequentibus et calumnientibus vos.

Ut sitis filii patris vestri qui in cœlis est : qui solem suum facit oriri super bonos et malos : et pluit super justos et injustos. (Matth., cap. 5, vers. 43, 44 *et* 45.)

La loi ancienne, moins exigeante que la loi nouvelle, permettait de rendre haine pour haine. De même pendant le temps de la longue enfance de la civilisation, comme la force se mettait presque toujours à la place du droit, on ne concevait pas qu'il fût possible, sans forfaire à l'honneur, d'abandonner le soin de sa vengeance. Il y avait guerre entre les nations, guerre entre les provinces, guerre entre les seigneurs, guerre entre les vassaux; partout le meurtre était lavé par le meurtre : l'épée appelait l'épée, le sang appelait le sang.

La Charte introduit un ordre de choses tout nouveau : avec elle la politique est rentrée toute entière dans le domaine de la morale. Elle prêche l'oubli de toutes les opinions enfantées dans des temps d'orgueil et de folie; elle a passé sur elles comme le soc du laboureur qui se promène à travers des ruines pour les rendre fécondes; elle a tout admis dans son sein : semblable à la terre, qui fait éclore des fleurs au printemps, avec tous les débris que l'automne avait entassées sur sa surface.

Par ce noble exemple de bienfaisance et de charité, elle appelle chaque Français à exercer autour de lui, et dans la sphère où il se trouve, le même esprit de tolérance et d'amour. Elle veut que sous le toit du père de famille, que sous la chaumière du pauvre, que dans le palais du riche, les paroles de la réconciliation se fassent entendre. Elle offre à chacun une portion de cette fortune publique qu'elle a sauvée du naufrage; c'est un droit légitime qu'elle considère comme imprescriptible pour tous ses enfans. Elle rend à la noblesse des anciens jours de la monarchie, ses titres, dont la violence l'avait dépouillée; elle conserve à la noblesse nouvelle d'autres titres non moins glorieux, qui seront pour la postérité la date solennelle d'une ère de victoires. Toutes ces couronnes décorent à la fois le temple de la patrie. On ne peut pas dire que les unes manquent de la consécration du temps, et que les autres tombent fanées sous ses pas: parce que toute gloire, à l'abri des vicissitudes des destinées humaines, et quelle que soit l'époque où elle a commencé, brille sans cesse d'une jeunesse éternelle.

C'est toujours par ce même esprit de tolérance et d'amour que la Charte permet la publicité de toutes les opinions. Elle ne proscrit même pas les vœux les plus indiscrets et les plus téméraires, pourvu qu'ils ne se montrent qu'à demi, et comme couverts du voile de la pudeur publique. Par une abnégation vraiment évangélique, quelquefois on dirait qu'elle ne veut pas prendre la peine de détourner le poignard dirigé contre elle. Ce n'est même qu'à la dernière extrémité qu'elle s'est vu contrainte d'arrêter le cours de ce torrent de licence que les feuilles publiques faisaient déborder de toutes parts. Elle tolère la distribution du poison, tant qu'elle croit que la puissance de l'antidote pourra en prévenir le danger : mais lorsque le ferment pullule de toutes parts, et forme dans l'air un nuage épais; elle craint, avec raison, que les rayons de la justice ne puissent plus s'y faire jour, et que la nuit du crime s'étende à la fin sur les peuples.

Tel est le bienfait du régime constitutionnel, qu'il aide les faibles et qu'il soutient les forts; qu'il favorise également toutes les destinées, les plus obscures comme les plus brillantes. Dans les autres gouvernemens, la distribution des biens est moins impartiale. Les gouvernemens républicains donnent tout aux masses populaires; le gouvernement monarchique sacrifie les intérêts généraux aux intérêts des sectes privilégiées; le gouvernement oligarchique concentre toute la puissance et la richesse dans les mains d'un petit nombre; dans le gouvernement constitutionnel, chacun reçoit une portion de cette nourriture salutaire, qui vivifie le corps social: *Cæci vident, claudi ambulant, leprosi mundantur, surdi audiunt, mortui resurgunt, pauperes evangelizantur.* (Matth. c. 11.)

Les aveugles voient. En effet, une lumière soudaine éclaire toutes les intelligences: le bandeau des vieux préjugés tombe: ceux qui se complaisaient dans cette obscurité sont condamnés à marcher au grand jour: une barrière insurmontable s'élève entre le présent et le passé : on ne peut plus rentrer dans la nuit des temps.

Les boîteux marchent. C'est-à-dire, que ceux que la verge de fer du despotisme avait courbés vers la terre, se relèvent et marchent avec leurs compagnons de voyage vers le grand but de l'humanité, le perfectionnement moral de l'homme. La loi appelle tous les citoyens à mériter les couronnes civiles.

Les lépreux sont guéris. C'est-à-dire, que la lèpre de l'esclavage a disparu ; que le *privilége* qui n'existe plus, et dont on exhume le fantôme pour en faire un objet d'épouvante pour les peuples, s'est à jamais enseveli dans la nuit du tombeau. Il n'est resté des siècles passés que la gloire des époques héroïques. La colonne de lumière est seule debout, la colonne de ténèbres est tombée.

Les sourds entendent. Qui pourrait résister à cette voix éloquente, qui consacre la charité comme un principe social, qui fait des trônes un théâtre où la vertu brille dans tout son éclat ; qui ne permet pas au vice de se cacher sous la pourpre et les lambris ; qui compose le bonheur de tous de la moralité de chacun ; comme le rayon de miel se forme du travail particulier de tous les habitans de la ruche !

Les morts ressuscitent. C'est-à-dire, que les

droits des peuples oubliés pendant les siècles de barbarie, ont repris leur place. Il est vrai que le jour qui a signalé cette conquête fût terrible. Dans l'ordre physique, comme dans l'ordre moral, des fermens long-temps entassés éclatent toujours avec violence. Mais cette interruption momentanée des lois ordinaires a pour résultat nécessaire de rétablir le cours paisible de ces mêmes lois.

Les pauvres sont évangélisés. C'est-à-dire, que les paroles de justice et de paix tombent dans tous les cœurs; la lumière descend dans tous les esprits. Les simples la reçoivent avec la même abondance que les plus prudens. C'est une rosée qui dépose également son humidité salutaire, et sur le houx épineux et sur la rose prête à s'épanouir.

Nous savons qu'on peut objecter à cet éloge du régime constitutionnel, que tous les gouvernemens qui ont pesé d'une manière plus ou moins douloureuse sur notre belle patrie, ont trouvé des panégyristes d'assez mauvaise foi pour pallier leur despotisme, assez ingénieux pour embellir l'erreur de quelques-unes des couleurs de la vérité.

Ce reproche peut frapper des yeux inattentifs, mais il n'est d'aucune valeur en présence de la réflexion et de l'examen. Il tombe surtout devant le sentiment de la conscience et de l'intime conviction. Comme nous l'avons dit plus haut, tous les gouvernemens non assujétis au joug constitutionnel, exclusifs dans leurs faveurs, accumulent toutes leurs richesses sur quelques têtes, et laissent le reste de la nation dans le dénuement et la pauvreté. Cette petite cohorte de frêlons dévore tout le miel de la ruche, au préjudice des abeilles qui l'avaient amassé par leur travail. Alors il n'est pas difficile de voir que ce brigandage est trouvé bon par ceux qui en profitent; et qu'au sein de leurs jouissances criminelles, ils font entendre un bourdonnement sinistre, au milieu duquel sont étouffées toutes les justes plaintes des peuples.

Que chacun donc descende dans sa conscience; qu'il interroge le sentiment de la conservation personnelle; qu'il se demande si, sous aucun régime, ce sentiment a été si pleinement satisfait, et s'il a jamais développé toute son action avec plus de sécurité.

Nous savons qu'il y a des plaintes : mais des plaintes ne constatent pas toujours la réalité des torts. Les gouvernemens qui ont précédé le règne de la Charte, parce qu'ils marchaient arbitrairement, laissaient derrière eux, comme fait un fleuve fangeux, un limon impur dans lequel une foule de reptiles trouvait à pâturer. Privés de ce grossier aliment, ces reptiles ont eu faim; ils ont crié. Et ce n'est qu'avec le temps et la patience qu'on peut accoutumer leur bouche à savourer la nourriture constitutionnelle.

Les gouvernemens précédens avaient formé certaines associations d'idées que le temps n'a pu encore dissoudre. Ces idées, que des élémens nouveaux tendent à disperser, se cherchent de toutes parts et font effort pour se réunir. Elles appellent à elles tous les sentimens avec lesquels elles ont quelque point de contact, et qu'elles tâchent de s'assimiler. Bien plus, elles se parent de quelques couleurs nouvelles pour cacher leur ancienne difformité. Ainsi, le buonapartisme se décore du vêtement du libéralisme; l'esprit aristocratique prend de la Charte quelques lambeaux, qui font le moins disparate avec son gothique accoutrement. Les yeux de la multitude à qui les nuances échappent, seraient facilement dupes de ces travestissemens, si le gouvernement venait à les favoriser.

Attendite à falsis prophetis, qui veniunt ad vos in vestimentis ovium, intrinsecùs autem sunt lupi rapaces.

A fructibus eorum cognoscetis eos. Numquid colligunt de spinis uvas, aut de tribulis ficus! (Matth., cap. 7, v. 15 *et* 16.)

Méfiez-vous des faux prophêtes qui viennent à vous avec un visage plein de douceur, et qui, sous cet extérieur benin, cachent un cœur plein d'astuce et de perfidie.

Quand un homme vient à vous, et vous aborde avec des paroles brûlantes de tout le feu de l'exaltation politique, demandez-lui froidement d'où il vient et où il va. Interrogez ses souvenirs, et vous y trouverez presque toujours la mesure de ses opinions. L'un, les mains toutes souillées encore par les fers de la servitude impériale, fatigue vainement mes oreilles de ses plaintes amères contre le gouvernement du Roi. Je l'ai compris : dans son dythyrambe sur la liberté, je n'ai vu qu'un esclave qui regrette sa chaîne dorée. Ce militaire, couvert d'honorables blessures et décoré du ruban des braves, me parle, la larme à l'œil, de la gloire de Marengo et d'Austerlitz : je l'estime; mais je ne lui vanterai pas la Charte; il ne l'aime pas. Il en ferait plus de cas si elle avait été acquise à coups de canon. Cet homme, dont la figure est respectable, a perdu pendant la révolution la moitié ou les trois quarts de sa fortune. Il me parle beaucoup de la famille royale, quelquefois du Roi, jamais de la Charte. J'en suis peu surpris. Elle consacre la vente des biens nationaux. Je les plains sans doute. Mais quand il me vantera le bonheur dont jouissaient les peuples sous Louis XIV et sous Louis XV, je ne croirai pas un mot de ce qu'il me dira. Cet autre est un ministre de la religion : son extérieur est vénérable, son front calme : tout en lui fait naître d'abord la pensée de la paix et de la résignation : mais les idées de religion, de philosophie, de révolution, de guerre contre l'autel et le trône se mêlent sans ordre et s'entrechoquent dans sa tête, et y produisent un effroyable cahos. J'avais besoin d'un ange qui me parlât de Dieu et de l'éternité, je n'ai trouvé qu'un homme vulgaire qui se traîne avec la foule dans l'ornière des intérêts terrestres.

En général, tout homme qui, dans la situation actuelle des esprits, ne reconnaît en France qu'un parti, et méconnaît l'existence de celui dont il est le servile écho, celui-là est un exclusif; ses paroles frappent mon oreille d'un vain bruit ; elles ne portent point avec elles la puissance de la conviction.

Une foule d'hommes vains s'agite dans les rues et les places publiques, répétant quelques phrases bannales qui servent à chaque parti comme de formules, et s'adoptent à tous les événemens, quelle que soit leur diversité : tous ceux-là ne connaîtront la vérité que lorsqu'elle descendra sur la multitude ; ils ne sont capables ni de l'attendre, ni d'aller au-devant d'elle.

Multi enim venient in nomine meo, dicentes : ego sum Christus : et multos seducent. (Matth., cap. 24.)

Un grand nombre viendra à vous, et vous dira : Nous sommes les seuls bons, les seuls honnêtes gens ; d'autres diront : nous sommes les seuls raisonnables ; nous seuls défendons les intérêts du peuple ; nos adversaires sont dans les ténèbres ; nous seuls sommes éclairés et justes.

Et avec ces paroles ils séduisent beaucoup de monde.

Cet article explique clairement la tactique des partis.

Audituri enim estis prœlia, et opiniones prœliorum. Videte ne turbemini : oportet enim hæc fieri, sed nondum est finis. (Saint Marc.)

Vous verrez des combats d'opinions ; ne vous laissez pas effrayer par tout ce bruit ; il en devait être ainsi. Mais ce n'est pas encore la fin.

Il en devait être parmi nous à l'avénement de la Charte, ce qui arriva lorsque l'Évangile fut pour la première fois prêché aux nations idolâtres, Il trouva toutes les passions soulevées contre lui. Comme la Charte, il s'était ceint pour le combat. Peu à peu les fronts superbes s'humilient, les esprits fougueux s'appaisent, les sophismes s'évanouissent devant la vérité : les armes des factions tombent de leurs mains. La société présente alors le spectacle d'une mer immense, dont la surface unie est mollement agitée par une brise légère. L'anarchie, au contraire, est un écueil battu sans cesse par les orages et les tempêtes. Le despotisme ressemble à ces étangs remplis de fange, dont les eaux stagnantes ne sont traversées que par des reptiles.

Il est de la nature des partis de donner à tous leurs ouvrages des proportions gigantesques ; de prendre l'irritation pour l'énergie, l'entêtement pour le caractère, la violence pour la justice, les fantômes pour la réalité. Ils ont placé leur atelier sur une montagne escarpée ; et c'est de cette région nébuleuse qu'ils lancent sur le monde leurs flèches aussi vaines que des vapeurs, leurs armées aussi légères que des nuages.

Venit enim Joannes neque manducans, neque bibens, et dicunt : dæmonium habet :

Venit filius hominis manducans et bibens, et dicunt : ecce homo vorax, et potator vini, publicanorum et peccatorum amicus. (S. Matth.)

Un homme se présente : il ne professe aucune opinion exclusive. Il blâme tout ce qu'il trouve mauvais dans l'une ou l'autre opinion ; il loue tout ce qu'il y trouve bon ; on l'accueille avec tout le sourire du dédain : on le considère comme un esprit faible : *Dœmonium habet.*

Un autre est modéré par caractère et par raisonnement. Le hasard le place en face d'une opinion extrême. Jeté ainsi dans l'arêne, il combat avec énergie toutes les erreurs et tous les sophismes de l'ennemi avec lequel il est aux prises. Dans la chaleur de la lutte, il force le sphinx politique à mettre son visage à découvert. Il le renverse sur la poussière : il le laisse vaincu, mais non anéanti. Eh bien ! l'homme modéré qui ose ainsi avoir raison avec des fanatiques, est taxé ou de jacobin ou d'ultra par ces mêmes fanatiques, qui sont eux-mêmes ou des jacobins ou des ultra. Ils lui disent : *Ecce homo vorax, et potator vini, publicanorum et peccatorum amicus.*

Nolite judicare ut non judicemini.

Quid autem vides festucam in oculo fratris tui ; et trabem in oculo tuo non vides ? (Matth., cap. 7.)

Ne jugez pas, afin de n'être pas jugé à votre

tour? Vous apercevez une paille dans l'œil de votre frère, et vous ne voyez pas une poutre qui est dans le vôtre?

Rien n'est plus difficile que de porter un jugement sain sur les événemens politiques; et rien n'est plus commun aujourd'hui que de voir juger ces événemens avec la plus inconcevable précipitation. *Première source d'erreur.*

« Dans cet art particulier (de la politique), « dit un auteur anglais, il est beaucoup plus « difficile que dans les autres, de rapporter les « effets à leurs causes. Il est rare, en consé- « quence, même dans une expérience faite à « dessein, que l'on puisse conclure en poli- « tique, avec quelque sûreté, des faits observés « à la justesse des principes. » (Charles Stwart. *Philosophie de l'esprit humain.*)

La politique est la plus difficile de toutes les sciences, et néanmoins chacun s'établit le juge souverain de cette cliente superbe, qui se soustrait avec dédain à tous les raisonnemens dans lesquels le vulgaire cherche à l'enlacer. *Seconde source d'erreur générale.*

N'ayant ni le loisir ni les moyens de rechercher la vérité, la multitude ne peut donc que s'en rapporter à ce que proclament les chefs des partis. C'est comme un bruit qui est sorti faux d'un instrument discord, et qui, répété à la fois par mille échos, devient de plus en plus fort sans acquérir aucune harmonie. *Troisième source d'erreur.*

Dans la situation actuelle des esprits et des choses, lorsqu'un événement un peu saillant vient rompre l'uniformité avec laquelle les jours se succèdent, qu'arrive-t-il ? C'est toujours un motif pour les partis de rompre ces trèves de quelques jours, de quelques mois, que la lassitude amène. On crie aux armes. On s'excite au combat ; on se choisit ; on se groupe sous les étendards respectifs. Les passions se réveillent ; l'erreur plane en souveraine sur cette scène de tumulte et de confusion. La vérité attend la fin du combat pour se montrer avec son utile flambeau. Elle vient : mais elle ne trouve que des débris. *Quatrième source d'erreur.*

Pour avoir une opinion indépendante, il faudrait ne pas s'en rapporter aveuglément à tout ce que disent les partis. Il faudrait de soi-même raisonner, étudier, comparer ; cela donnerait trop de peine. Il est bien plus commode de recevoir chaque jour avec son journal une opinion libérale ou royaliste toute faite. Il ne faut plus avec cela qu'un peu de mémoire. On a de plus l'avantage de passer pour avoir une opinion *très-prononcée ;* ce qui n'est pas un mince éloge. *Cinquième source d'erreur.*

A notre avis, toute la sagesse à laquelle on doit aspirer dans les temps où nous vivons, se trouve renfermée dans ces aphorismes du chancelier Bacon.

Quis novator tempus imitatur, quod novationes ita insinuat, ut tempus fallant?

Où est le novateur qui imite le temps, dont les innovations passent par tant de nuances qu'elles échappent à l'observation?

Novatur maximus tempus; quid ne igitur tempus imitemur?

Le temps est le grand novateur; pourquoi donc ne pas imiter le temps?

Morosa morum retentio, res turbulenta est, æqui ac novitas.

Un attachement trop sévère aux anciennes mœurs est une cause de troubles, tout autant que l'amour des nouveautés.

Cum per se res mutentur, quis finis erit mali?

Puisque les choses abandonnées à elles-mêmes se détériorent, si la sagesse ne s'occupe à les améliorer, où pourra s'arrêter le mal toujours croissant?

FIN.

www.ingramcontent.com/pod-product-compliance
Ingram Content Group UK Ltd.
Pitfield, Milton Keynes, MK11 3LW, UK
UKHW021125230726
13926UKWH00002B/644

9 782014 046618